**Ernst Probst**

# Malinche. Die Gefährtin des spanischen Eroberers

GRIN Verlag

**Bibliografische Information der Deutschen Nationalbibliothek:**

Die Deutsche Bibliothek verzeichnet diese Publikation in der Deutschen National-
bibliografie; detaillierte bibliografische Daten sind im Internet über http://dnb.d-
nb.de/ abrufbar.

**Impressum:**

Copyright © 2014 GRIN Verlag GmbH
Druck und Bindung: Books on Demand GmbH, Norderstedt Germany
ISBN: 978-3-656-69189-1

**Dieses Buch bei GRIN:**

http://www.grin.com/de/e-book/276142/malinche-die-gefaehrtin-des-spanischen-
eroberers

**GRIN - Your knowledge has value**

Der GRIN Verlag publiziert seit 1998 wissenschaftliche Arbeiten von Studenten, Hochschullehrern und anderen Akademikern als eBook und gedrucktes Buch. Die Verlagswebsite www.grin.com ist die ideale Plattform zur Veröffentlichung von Hausarbeiten, Abschlussarbeiten, wissenschaftlichen Aufsätzen, Dissertationen und Fachbüchern.

**Besuchen Sie uns im Internet:**

http://www.grin.com/

http://www.facebook.com/grincom

http://www.twitter.com/grin_com

*Malinche (1505–um 1529)*
*auf einem Wandgemälde im Palacio de Gobierno*
*in Tlaxcala-Stadt (Mexiko)*

*Hernán Cortés (1485–1547).*
*Zeichnung von Christoph Weidlitz (1498–1559)*
*aus Straßburg.*
*Er hielt sich 1529 in Spanien auf*
*und zeichnete damals Cortés.*

*Meiner lieben Frau Doris*
*gewidmet*

*Francisco Pizarro (1478–1541)*

# Malinche

Die Gefährtin des spanischen Eroberers

Zur berühmtesten Ureinwohnerin Lateinamerikas im 16. Jahrhundert entwickelte sich die Indianerin Malinche (1505–um 1529), indianisch Malintzin Tenepal oder Malinalli genannt und von den Spaniern auf den Namen Dona Marina getauft. Die kluge Aztekin stieg von der Sklavin der Maya-Indianer zur Geliebten des spanischen Eroberers Hernán Cortés (1485–1547) auf. Ohne ihre Hilfe hätte Cortés Mexiko nicht so leicht in seine Gewalt bringen können. Denn sie lieferte ihm wichtige Informationen und gewann die Feinde der Azteken als Verbündete für die Spanier.

Hernán Cortés kam 1485 in Medellin im Königreich Kastilien und León zur Welt. Seine Eltern gehörten dem niederen spanischen Adel an und waren nicht mit Reichtümern gesegnet. Seine Mutter war entfernt mit dem spanischen Konquistador Francisco Pizarro (1478–1541) verwandt, der ab 1531 das Inkareich in Peru eroberte und 1535 Lima gründete.

Ab dem Alter von 14 Jahren studierte Cortés an der Universität Salamanca Rechtswissenschaft. Aber nach zwei Jahren brach er dieses Studium ab und kehrte nach Medellin zurück. Die zwei Jahre in Salamanca und seine

*Diego Velázquez de Cuellar (um 1465–um 1524)*

späteren Erfahrungen als Notar machten ihn mit der kastilischen Rechtsordnung vertraut. Danach trat er in den Kriegsdienst und schiffte sich 1504 nach Westindien ein. Dort arbeitete er bei dem mit ihm verwandten Statthalter von Hispaniola, Nicolás de Ovando.

Malinche wurde 1505 bei Coatzacoalcos an der Golfküste des Isthmus von Tehuantepec geboren. Ihr Vater gehörte offenbar dem indianischen Adel an. Er soll als Kazike (Häuptling) über Paynala und weitere Ortschaften geherrscht haben.

Bereits im Kindesalter nahm das Leben von Malinche eine tragische Wende. Ihr Vater starb, ihre Mutter heiratete wieder und brachte einen Sohn zur Welt. Um ihrem Sohn statt der erstgeborenen Malinche das Anrecht auf das Erbe der Familie zu sichern, verkaufte die Mutter ihre Tochter an Sklavenhändler der Maya aus dem weiter östlich gelegenen Xicalango. In ihrer Heimat verbreitete die Mutter das Gerücht, ihre Tochter sei gestorben. Später wurde Malinche weiter nach Tabasco verkauft oder verschleppt. Über ihre Zeit in Tabasco weiß man nichts.

1511 nahm Hernán Cortés unter dem Kommando von Diego Velázquez de Cuéllar (um 1465–um 1524) an der Eroberung von Kuba teil. Cortés wurde dank seiner Tüchtigkeit der Sekretär von Velázquez, nachdem jener zum Gouverneur (Statthalter) von Kuba aufgestiegen war. Velázquez teilte Cortés auf Kuba ein Repartimiento in Cuavanacan am Río Duaba zu. Als Repartimiento bezeichnete man die Zuteilung von Indios an Eroberer. Dies war mit dem Auftrag verbunden, Missionierung und Akkulturation der Eingeborenen zu gewährleisten sowie militärische Bereitschaft zu zeigen. Dafür erhielten die Eroberer das Privileg, die von den Indios geschuldeten Tribute und Arbeitsleistungen (Zwangsarbeit auf den Landgütern und in den Bergwerken) für sich zu nutzen. Cortés ließ die ihm anvertrauten Taino-Indianer nach Gold suchen und kam zu einem Vermögen. Außerdem arbeitete er als Notar, verdiente Geld mit Viehzucht und berechnete den königlichen Anteil der Goldproduktion auf Kuba. Damals nahmen andere Kolonisten Cortés nicht ernst, weil er sich noch nicht als Eroberer hervorgetan hatte. Spötter nannten ihn „Cortesillo", den „kleinen Cortés".

1515 verlegte Diego Velázquez de Cuéllar die kubanische Hauptstadt von Baracoa nach Santiago. Cortés begleitete ihn dorthin und wurde als Alcalde zum Oberbefehlshaber und Friedensrichter der neuen Hauptstadt. Ungeachtet dessen hatte Cortés immer wieder Differenzen mit dem Gouverneur. Velázquez ließ Cortés sogar für kurze Zeit ins Gefängnis einsperren, weil dieser Catalina Suarez nicht heiraten wollte, der er die Ehe versprochen hatte. Cortés gelang der Ausbruch, geriet aber erneut in Gefangenschaft. Unter dem Druck des Gouverneurs heiratete Cortés schließlich Catalina, versöhnte sich mit Velázquez und der Familie seiner Frau. Aus der Ehe gingen keine Kinder hervor.

Zweimal unternahm Gouverneur Velázquez den Versuch, seinen Machtbereich zu vergrößern. Aus diesem Grund schickte er 1517 eine Expedition unter Francisco Hernández de Córdoba (gestorben 1517) an die unbekannte Küste von Mittelamerika. Córdoba erlag nach der Rückkehr in Kuba seinen schweren Verletzungen durch Pfeile der Maya. 1518 folgte eine Expedition unter Juan de Grijalva (1490–1527). Durch diese beiden Expeditionen erfuhr Velázquez vom Goldreichtum der Indios.

Anschließend rüstete Gouverneur Velázquez eine dritte Expedition aus und ernannte Cortés zum Kommandanten. Als Velázquez durch Freunde vor dem Ehrgeiz von Cortés gewarnt wurde, nahm er seinen Auftrag zurück. Aber der reiche Cortés hatte schon seine ganze Habe verkauft und auf eigene Kosten eine Expedition ausgerüstet.

Am 18. Februar 1519 segelte Hernán Cortés mit einer Flottille von insgesamt elf Schiffen von Havanna auf Kuba zur Küste von Mittelamerika. Zur Flottille zählten neben dem Flagschiff „Santa Maria de la Concepción" von Cortés drei weitere Karavellen und sieben kleinere Brigantinen. Die Mannschaft bestand aus insgesamt 670 Mann, überwiegend jungen Männern aus Spanien, Genua, Neapel, Portugal und Frankreich. Davon waren rund 100 Matronen und mehr als 500 Soldaten. Zur Ausrüstung gehörten zehn Kanonen und 16 Pferde.

*Bild Seite 10:*
*Francisco Hernández de Córdoba (gestorben 1517)*

*Bild Seite 11:*
*Juan de Grijalva (1490–1527)*

Auf der Insel Cozumel befreite die Expedition von Cortés den Spanier Gerónimo de Aguilar aus der Gefangenschaft der dortigen Indios. Aguilar war acht Jahre zuvor an der Küste dieser Insel gestrandet, hatte bei den Maya als Sklave gelebt und in dieser Zeit ihre Sprache gelernt.

Cortés segelte um die östliche Spitze von Yucatán und in nördlicher Richtung an der Küste entlang. Dann fuhr er in den Fluss Tabasco und wollte nahe der indianischen Stadt Tabasco an Land gehen, um Trinkwasser zu beschaffen. Weil die dortigen Maya-Indianer die Landung der Spanier nicht zulassen wollten, griffen sie an. Nach heftigem Kampf besiegte Cortés die Eingeborenen, die durch die Pferde der Konquistadoren eingeschüchtert wurden, weil sie solche Tiere noch nie gesehen hatten. Die bezwungenen und verängstigten Indios unterwarfen sich Cortés und dem König von Spanien. Sie erklärten sich bereit, Tribut zu entrichten und schenkten Cortés am 15. März 1519 goldene Schmuckstücke, Truthühner und 20 Sklavinnen, unter denen sich Malinche befand.

Anschließend erklärten die Spanier den indianischen Sklavinnen die Grundsätze der christlichen Religion. Man taufte die Indianerinnen und gab ihnen spanische Namen. Malinche trug fortan den christlichen Taufnamen Doña Marina. Bei diesen Feierlichkeiten erhielt die Stadt Tabasco den neuen Namen Santa Maria de la Victoria.

Nach der Taufe verteilte man die Sklavinnen an spanische Offiziere. Erster Herr von Doña Marina bzw. Malinche, wie sie heute genannt wird, wurde Alonso Hernández Portocarrero, einer der Begleiter von Cortés. Cortés und seine Männer setzten ihre Fahrt in nordwestlicher Richtung fort. Am 21. April 1519 landeten sie bei San Juan de Ulúa. Die dort lebenden Azteken, die sich selbst Mexica nannten, empfingen die weißen Fremden freundlich und überreichten ihnen Gold, Edelsteine, Kleidung und prächtigen Federschmuck als Geschenke. So reich hatte der Herrscher der Azteken, Moctezuma II. Xocoyotzin (1467–1519), dessen Name „zorniger Herr" bedeutete, vorher noch niemand beschenkt. Damit verstärkte Moctezuma die geheimnisvolle Aura, die Cortés umgab. Möglicherweise hielt der Aztekenherrscher Moctezuma den Eroberer Cortés für einen Gott.

Ungeachtet dessen lehnte Moctezuma den Wunsch von Cortés ab, ihn in Tenochtitlán besuchen zu dürfen. Moctezuma wollte mit seinen großzügigen Goldgeschenken die Fremden besänftigen und sie dazu bewegen, sein Land zu verlassen. Doch die prachtvollen Goldgeschenke steigerten die Habgier der Spanier.

Als die Konquistadoren das Herrschaftsgebiet der Azteken betraten, wo man nicht mehr die Sprache der Maya, sondern Nahuatl sprach, schienen die Dolmetscherdienste von Gerónimo de Aguilar nutzlos zu werden. Damals erfuhr Cortés, dass Malinche außer ihrer

*Moctezuma II. Xocoyotzin (1467–1519),*
*Bild von Antonio De Solis (1610–1688)*

14

Muttersprache Nahuatl auch die Sprache der Maya beherrschte, deren Sklavin sie lange gewesen war. Für Cortés war dies ein großer Glücksfall. Denn Malinche ermöglichte die Kommunikation mit den Azteken und ihren Vasallen. Malinche war mit der Denkweise der Völker in Mesoamerika vertraut, übersetzte, was Cortés sagte, und ergänzte dies oft mit eigenen, hinzugefügten Erklärungen.

Sobald Cortés mit seiner Expedition auf Azteken oder andere Nahuatl sprechende Völker stieß, übersetzten Malinche und Aguilar das Nahuatl aztekischer oder tlaxcaltekischer Gesandter zunächst in die Maya-Sprache und dann ins Spanische. Dank ihrer Intelligenz lernte Malinche schnell selbst Spanisch und die Dienste von Aguilar wurden überflüssig.

Als Dolmetscherin hielt sich Malinche immer in Nähe von Cortés auf. Aus diesem Grund wurde der Konquistador von den Indianern bald „Capitán Malinche" genannt. Frei übersetzt hieß dies etwa „Herr der Malinche".

Um vom Statthalter Diego Velázquez de Cuéllar unabhängig zu werden, gründete Cortés in Namen des Königs und unter königlicher Autorität eine selbstständige Kolonie nach dem Vorbild der spanischen Korporationen. Dieser Kolonie verlieh er den Namen Villa Rica de la Vera Cruz (Veracruz). Dem spanischen König Karl I. (1500–1558), der ab dem 28. Juni 1519 als Karl V. Römischer König und künftiger Kaiser des „Heiligen

*König Karl I. (1500–1558),*
*seit 28. Juni 1519 Kaiser Karl V.*
*Gemälde von*
*Peter Paul Rubens (1577–1640)*

Römischen Reiches Deutscher Nation" war, schickte Cortés ein Rechtfertigungsschreiben mit Geschenken der Azteken.

Im April 1519 ließ Cortés seine Schiffe zerstören, nachdem Segel, Anker, Kompasse und andere bewegliche Teile an Land gebracht worden waren. Damit nahm er sich und seinen Männern bewusst die Möglichkeit zur Rückkehr und setzte alles auf eine Karte. Cortés überschritt seine Vollmachten, machte hohe Schulden und ging ein großes Risiko ein. Bei einem Scheitern hätte man ihn auf Kuba abgeurteilt oder als Verräter in Ketten nach Spanien gebracht. Nur bei einem Erfolg konnte er sich gegen den kubanischen Gouverneur Velázquez wehren, seine Gläubiger zufriedenstellen und vor dem spanischen König als Held erscheinen.

Bevor Cortés mit 452 Soldaten, 6 leichten Geschützen sowie Hunderten von indianischen Lastenträgern dem Marsch nach Tenochtitlán antrat, ließ er in Villa Rica de la Vera Cruz eine kleine Truppe unter dem Kommando von Juan de Escalante zurück. Die meisten dieser zurückgelassenen Männer waren für den Marsch zu alt, krank oder bei den ersten Kämpfen in Tabasco verletzt worden und noch nicht wieder genesen.

Cortés hatte von dem „Dicken Kaziken" der Totonaken wertvolle Informationen über Land und Leute sowie eine Einladung nach Cempoala erhalten. Die von den Azteken wenige Jahre zuvor unterworfenen Totonaken beklagten sich bei Cortés über den Aztekenherrscher Moctezuma II. und die erdrückende Last der Tributzahlungen.

Durch seine Dolmetscherin Malinche erfuhr Cortés viel Wissenswertes über das Aztekenreich. Dort gab es kein klar umrissenes Staatsgebiet, keine einheitliche Sprache, wenngleich Nahuatl fast überall verstanden wurde, keine einheitliche Verwaltung, kein einheitliches Rechtssystem und kein stehendes Heer. Der Vielvölkerstaat wurde nur durch die enorme militärische Macht der Azteken zusammengehalten. Weil das aztekische Heer nur für Kriegszüge aufgestellt wurde, existierte keine militärische Sicherung des Reiches. Falls die Azteken ein Volk unterworfen hatten, mussten die Kaziken Tribut an den Herrscher in Tenochtitlán in Form von Edelmetallen, Kunsthandwerk, Nahrungsmitteln und Menschen entrichten. Letztere wurden von den Azteken versklavt oder auf Altären den Göttern geopfert. Wenn Tributforderungen nicht erfüllt wurden, löste dies einen weiteren Kriegszug aus. Durch jeden Sieg der Azteken wuchs die Zahl ihrer Feinde noch mehr.

Die Totonaken erhofften sich von Cortés ihre Freiheit. Deswegen baten sie ihn um seine militärische Unterstützung gegen die Azteken. Cortes sagte den Totonaken zu, sie vor den Azteken zu schützen. Außerdem überredete er den Kaziken, die damals zufällig anwesenden aztekischen Tributeintreiber gefangenzunehmen. Zudem drängte er die Totonaken, ihr erzwungenes Bündnis mit den Azteken zu beenden. Den aztekischen Tributeinnehmern half Cortés, heimlich zur Flucht. Diese sollten Nachrichten von ihm an

Moctezuma II. überbringen. Die Tributeintreiber berichteten ihrem Herrscher, Cortés wolle sein Freund und Verbündeter sein. Den Totonaken dagegen sicherte Cortés Schutz und Waffenhilfe bei einem Angriff der Azteken zu.

Von den Totonaken erfuhr Cortés auch über die Feindschaft der Tlaxcalteken zu den Azteken. Die Tlaxcalteken hatten sich viele Jahre den Azteken in zahlreichen Schlachten widersetzt und keinen Tribut entrichtet. Cortés wollte deswegen auch mit den Tlaxcalteken ein Bündnis eingehen.

Vermutlich ab Sommer 1519 wurde die zungenfertige Malinche die Geliebte von Cortés. Von ihr erfuhr der spanische Eroberer alles über das Reich der Azteken, deren Götter und Moctezuma II. Xocoyotzin, der den aztekischen Herrschaftstitel „Tlatoani" („der, der regiert") trug.

Am 16. August 1519 brach Cortés mit 500 Fußsoldaten, 16 Reitern, 30 Armbrustschützen und 12 Arkebusieren zum Marsch gegen die Azteken auf. In seiner Begleitung befanden sich etwa 400 Krieger der Totonaken des Kaziken von Cempoala. Seine Artillerie umfasste 6 Geschütze, 10 bronzene Feldschlangen, 4 Falconieren und etliche Bombarden. Vor allem zu Beginn des Feldzuges war Malinche bei jeder Schlacht der Spanier mit den Indios dabei und schwebte dabei oft in Todesgefahr. Die mutige Indianerin sah bei den Scharmützeln nicht nur tatenlos zu.

*Verhandlungen zwischen
den Tlaxcalteken
und dem spanischen Conquistador
Hernán Cortes,
in der Bildmitte
die Dolmetscherin Malinche.
Wandgemälde im Palacio de Gobierno
in Tlaxcala-Stadt (Mexiko)*

20

Weil die Totonaken damals Unterworfene und zwangsweise Verbündete der Azteken waren, zogen die Tlaxcalteken den Schluss, auch die Spanier seien mit den Azteken im Bunde. Die Tlaxcalteken nahmen die totonakischen Unterhändler gefangen. Am 4. September 1519 griffen die Tlaxcalteken unter dem Kommando des Kaziken Xicoténcatl der Ältere und dessen Sohnes Xicoténcatl der Jüngere (gestorben 1521) mit einer großen Übermacht Cortés und seine Männer an. Malinche richtete die Spanier in der Schlacht wieder auf, sobald diese ihre Siegeszuversicht verloren. Die Spanier baten die Tlaxcalteken mehrfach um Frieden. Einerseits setzten ihnen die Tlaxcalteken bei den Kämpfen sehr zu, andererseits strebten sie mit ihnen ein Bündnis gegen die Azteken an. Endlich erklärten sich die Kaziken von Tlaxcala bereit, spanische Gesandte zu empfangen. Der dort letztlich geschlossene Frieden stieß aber auf hartnäckigen Widerstand von Xicoténcatl dem Jüngeren, der an einen Sieg glaubte. Er sträubte sich sogar, der Anweisung seines Vaters zu folgen, und zog sich mit einer Gruppe von Kriegern zurück, um einen erneuten Angriff auf die Spanier vorzubereiten.

Einige Tage nach dem Friedensschluss schickte Xicoténcatl der Jüngere etliche Träger mit Geschenken, die aber in Wirklichkeit den Auftrag hatten, das Lager der Spanier auszukundschaften. Weil die Träger ungewöhnlich lange im Lager blieben, schöpfte Cortés jedoch Verdacht. Er ließ die Spione festnehmen und

*Xicoténcatl der Jüngere (gestorben 1521)*

verhören. Bei der Befragung wurden die Träger durch die dolmetschende Malinche enttarnt und gestanden ihren Auftrag. Darauf ließ Cortés einigen dieser Indios die Hände abhacken und schickte sie an Xicoténcatl den Jüngeren zurück. Diesem blieb nun nichts anderes mehr übrig, als sich vorerst den Anweisungen seines Vaters zu fügen. Xicoténcatl der Ältere schloss daraufhin das von den Spaniern erhoffte Bündnis gegen den Aztekenherrscher Moctezuma II. Anders als sein Vater, der die Spanier immer wieder mit Krieger unterstützte, blieb Xicoténcatl der Jüngere untätig. Der Hass auf die Azteken machte die Tlaxcalteken zu den wichtigsten und treuesten Verbündeten von Cortés.

Mit 2.000 Tlaxcalteken verstärkt kam Cortés zur reichen und als Götterheiligtum betrachteten Stadt Cholua, die kurz vorher von den Azteken unterworfen worden war. Während es im Gebiet der Tlaxcalteken nicht einmal Salz gab, herrschte in Cholua ein Überfluss an Lebensmitteln und Waren.

Heute weiß man nicht mehr genau, was Cortés zu einem Angriff auf die Stadt Cholua bewog. Wollte er mit einem Präventivschlag gegen Cholua die Azteken einschüchtern? Wiegelten die Tlaxcalteken die Spanier gegen die Choluteken, die ihren alten Feinde waren, auf? Oder wollten die Choluteken die Spanier in einem Hinterhalt töten?

Angeblich erhielt Malinche von einer Einwohnerin aus Cholua eine Nachricht von einem Hinterhalt. Cortés

*Sonnentempel der Azteken-Hauptstadt Tenochtitlán.*
*Gravierung von*
*Jan Karel Donatus Van Beecq (1638–1722)*

24

*Modell der Azteken-Hauptstadt Tenochtitlán*
*im National Museum of Anthropologie*
*in Mexiko-Stadt*

*Hernán Cortés (1485–1547).*
*Gemälde aus dem 16. Jahrhundert,*
*Original im Museo de América, Madrid*

erwähnte in einem Brief an Kaiser Karl V. eine versteckte aztekische Streitmacht von schätzungsweise 50.000 Mann. Mit eigenen Augen gesehen hat diese gewaltige indianische Armee aber niemand. Realistisch ist, dass Cortés auf seinem Weg nach Tenochtitlán keine so starke Stadt wie Cholua in seinem Rücken haben wollte. Wie dem auch sei: Die Spanier verübten ein Massaker in Cholua, wobei viele Einwohner dieser Stadt ums Leben kamen. Und die Tlaxcalteken plünderten die reiche Stadt.

Durch sein Bündnis mit den Tlaxcalteken und die Unterwerfung von Cholua bewies Cortés, dass er ein nicht zu unterschätzender neuer Machtfaktor im Reich der Azteken war. Der Aztekenherrscher Moctezuma II. versuchte weiterhin, Cortés von seiner Hauptstadt Tenochtitlán fernzuhalten. Aber je mehr Cortés über Tenochtitlán hörte, um so stärker wurde sein Wunsch, diese Stadt zu besuchen.

Nachdem die Spanier den letzten Pass in den Bergen überwunden hatten, erblickten sie den Texcoco-See (Mexiko-See) und die vielen dichtbesiedelten Städte an seinem Ufer. Die größte dieser Städte war Tenochtitlán, die Hauptstadt des Aztekenreiches. Sie lag auf mehreren Inseln im westlichen Teil des Texcoco-Sees, der sich in einer Höhe von etwa 2.400 Metern befindet. In Tenochtitlán lebten damals vermutlich mehr als 100.000 Menschen. Damit war Tenochtitlán zu jener Zeit die größte Stadt des amerikanischen Kontinents und eine

*Historische Begegnung
des spanischen Konquistadors Hernán Cortés
mit dem Aztekenherrscher Moctezuma II.
am 8. November 1519
in der Azteken-Hauptstadt Tenochtitlán.
Abbildung aus dem Buch von Edward R. Shaw
„Discoverers and Explorers" (1900)*

*Unterredung zwischen dem*
*Aztekenherrscher Moctezuma II.*
*und dem spanischen Konquistador Hernán Cortés*
*am 8. November 1519*
*in der Azteken-Hauptstadt Tenochtitlán.*
*Hinter Cortés steht seine Dolmetscherin Malinche.*
*Zeichnung eines tlaxcaltekischen Künstlers um 1890*

*Erste Begegnung*
*des spanischen Konquistadors Hernán Cortés*
*mit dem Aztekenherrscher Moctezuma II.*
*am 8. November 1519*
*in der Azteken-Hauptstadt Tenochtitlán.*
*Werk eines unbekannten Künstlers*

der größten weltweit. Fünf Dammwege verbanden diese riesige Stadt mit dem Festland.

Am 8. November 1519 wurde Cortés vor den Toren der Azteken-Hauptstadt Tenochtitlán von Moctezuma II. feierlich empfangen. Bei der historischen Begegnung zwischen Cortés und Moctezuma II. erhob Malinche gegenüber dem aztekischen Herrscher die Stimme und verkündete die Worte der Konquistadoren. Die Azteken hielten die Spanier für „Weiße Götter" und Cortés anfangs für den Gott des Himmels und der Erde, dessen Name Quetzalcoatl „gefiederte Schlange" bedeutete.

Moctezuma überließ den Spaniern den Palast seines verstorbenen Vaters Axayacatl als Unterkunft. Dieses Gebäude war so groß, dass alle Spanier mit ihren Pferden und Kanonen darin untergebracht werden konnten.

Anfangs hofierte man die Spanier sehr in Tenochtitlán. Sie bereisten und erkundeten in Begleitung von hohen Würdenträgern das Land der Azteken. Besonders interessiert war Cortés an den Häfen und Goldbergwerken. Auf Wunsch von Cortés zeigte Moctezuma II. hm und seinem Gefolge das Innere eines Tempels. In einem Raum mit blutverkrusteten Wänden entdeckten die Spanier drei menschliche Herzen, die gerade in einem Kohlebecken verbrannt wurden. Bei den Azteken galten Menschenopfer als heilige Handlung und Akt der Götterverehrung. Die christlichen Spanier fühlten sich hierdurch in ihrem religiösen Empfinden zutiefst

*Gemälde von Malinche und Hernán Cortés*

*Gefangennahme des Azektenherrschers Moctezuma durch Hernán Cortés. Gravierung von Jan Karel Donatus Van Beecq (1638–1722)*

beleidigt. Für sie war die Religion der Azteken eine Gotteslästerung. Deswegen sprach Cortés den Herrscher Moctezuma II. an und wollte die Götterstatuen der Azteken stürzen sowie durch das christliche Kreuz und Marienbilder ersetzen. Dies löste einen heftigen Streit aus. Als die Spanier in dem ihnen zugewiesenen Palast eine kleine Kirche einrichteten, entdeckten sie hinter einer Mauer die Schatzkammer des verstorbenen Herrschers Axayacatl.

Zunehmende Spannungen mit den Azteken machten den Spaniern bewusst, wie angreifbar sie letztlich waren. Eines Tages erhielt Cortés die alarmierende Nachricht, dass die Azteken einen Angriff auf die kleine Garnison in Veracruz unter Juan de Escalante unternommen hatten. Dabei waren sechs Männer getötet und Escalante schwer verwundet worden. Escalante starb drei Tage nach dem Angriff. Der Soldat Arguello war lebend in die Gefangenschaft der Azteken geraten. Nun wurde den Spaniern klar, dass sie sich in der aztekischen Hauptstadt in Lebensgefahr befanden.

Nach dem Angriff auf Veracruz schickte der aztekische Befehlshaber am Moctezuma II. den abgeschnittenen Kopf des gefangenen Spaniers Arguello. Daraufhin stellte Cortés am 14. November 1519 den Aztekenherrscher zur Rede und die Spanier forderten ihn unter Drohungen auf, sie in ihr Quartier zu begleiten. Dort angekommen, eröffneten sie Moctezuma, er sei von nun an ihr Gefangener. Der gedemütigte Fürst regierte nach wie vor weiter, aber tatsächlich war fortan Cortés sein Gebieter.

Cortés ließ die aztekischen Hauptleute, die gegen Juan de Escalante und seine Männer gekämpft hatten, vorführen und verhören. Die Befragten gestanden, sie hätten auf Befehl von Moctezuma II. gehandelt. Danach wurden sie verurteilt und öffentlich verbrannt. Cortés zwang Moctezuma, die Vollstreckung des Todesurteils anzusehen. Schnell verbreitete sich die Nachricht über den Tod der aztekischen Hauptleute im Land. Damit wurde das Ansehen der Spanier bei den mit ihnen verbündeten Totonaken in Cempoala wieder hergestellt.

In der Folgezeit durchsuchten Spanier die Provinzen des Aztekenreiches nach Reichtümern und ersetzten missliebige indianische Beamte. Cortés brachte Moctezuma II. angeblich sogar dazu, die Oberherrschaft von Karl V. förmlich anzuerkennen und die Zahlung eines jährlichen Tributs zuzusagen. Der von Cortés in Briefen an Karl V. geschilderte Amtsverzicht von Moctezuma zugunsten des spanischen Herrschers wird von Historikern als geschickte Erfindung betrachtet.

Ungeachtet aller Spannungen versuchte Moctezuma, noch gütlich mit den Spaniern auszukommen und gab Cortés seine Lieblingstochter Tecuichpoch zur Frau. Cortés, der eine Ehefrau und mit Malinche auch eine Geliebte hatte, wies die Tochter des Aztekenherrschers nicht zurück und versprach, sie gut zu behandeln. Einer der Offiziere von Cortés bekam die Tochter Leonor Moctezuma.

Neue Gefahr drohte Cortés, als der kubanische Gouverneur Diego Velázquez de Cuéllar eine Flotte von 18 Schiffen mit 1.200 Mann, 12 Kanonen und 60 Pferden unter dem Oberbefehl von Pánfilo de Narváez (1470–1528) gegen ihn aussandte. Narváez landete im April 1520 in Neuspanien. Er sollte Cortés und seine Offiziere gefangennehmen und selbst das Kommando in Neuspanien übernehmen. Als Cortés davon erfuhr, ließ er 150 Mann unter Pedro de Alvarado in Tenochtitlán zurück und marschierte am 20. Mai 1520 mit den restlichen 250 Mann dem Feind entgegen. Cortés wagte den ersten Schritt und überfiel Narváez, der bereits die Stadt Cempoala bezwungen hatte. Narvaéz wurde im Kampf verwundet und verlor ein Auge. Obwohl er fast fünfmal so viele Soldaten wie Cortés hatte, unterlag Narvaéz. Man nahm ihn und den größten Teil seiner Leute gefangen. Narvaéz blieb einige Jahre lang der Gefangene von Cortés, wurde aber gut behandelt.

Während Cortés und Narváez gegeneinander kämpften, überwältigten indianische Krieger aus Texcoco den ungeschützten Tross von Pánfilo de Narváez und die Menschen, die mit ihm an Land gegangen waren. Sie brachten die rund 550 Gefangenen nach Zultepec, opferten sie ihren Göttern und aßen sie in den nächsten sieben Monaten.

*„Noche Triste" („traurige Nacht")*
*vom 30. Juni auf den 1. Juli 1520,*
*in der Cortés mit seinen Männern*
*aus der Azteken-Hauptstadt Tenochtitlán floh*
*und dabei viele Männer, Waffen und Gold verlor.*
*Gemälde eines unbekannten Künstlers*
*aus der zweiten Hälfte des 17. Jahrhunderts*

Dank Gold und allerlei Versprechungen bewog Cortés die meisten Männer von Narváez, sich ihm anzuschließen. Danach kehrte er mit einer Streitmacht von mehr als 1.200 Mann nach Tenochtitlán zurück. Dort war inzwischen ein Aufstand gegen die Spanier ausgebrochen, weil Pedro de Alvarado die Teilnehmer des aztekischen Frühlingsfestes niedermetzeln hatte lassen. Die Azteken hatten Cuitláuac als neuen Herrscher des Reiches auserkoren und Moctezuma die Macht entrissen. Nach einem Angriff der aztekischen Krieger auf den Palast, in dem sich die Spanier aufhielten, soll Moctezuma von seinen eigenen Männern getötet worden sein. Dies beruht aber nur auf spanischen Quellen. Es könnte auch sein, dass sich die Spanier des aztekischen Herrschers entledigten, als er ihnen nichts mehr nützte.

In der Nacht vom 30. Juni auf den 1. Juli 1520 versuchte Cortés, aus Tenochtitlán zu fliehen. Auf der Flucht überlebten von den mehr als 1.200 Soldaten und knapp 100 Pferden lediglich 425 Soldaten und 24 Pferde. Auf sie war ein wahrer Steinhagel niedergegangen. Cortés selbst büßte den Zeigefinger seiner linken Hand ein. Diese Nacht wird als „Noche Triste", die „traurige Nacht", bezeichnet. Cortés erlitt dabei den größten Verlust an Männern, Waffen und Gold. Bei der verlustreichen Flucht aus Tenochtitlán wurden Malinche und andere Frauen auf Geheiß von Cortés durch 300 Tlaxcalteken und 30 Spanier geschützt. In der Vorhut erreichte Malinche als eine der Ersten das rettende Ufer. Dagegen verloren viele andere Frauen und etwa zwei Drittel der spanischen Streitmacht in dieser Nacht ihr Leben.

Mit dem Rest seiner Streitmacht versuchte Cortés, sich nach Tlaxcala zu den mit ihm verbündeten Tlaxcalteken abzusetzen. Doch das aztekische Heer holte ihn am 14. Juli 1520 auf einer Ebene vor Otumba ein und stellte ihn. Die Azteken wollten die Spanier endgültig vernichten, aber sie unterschätzten die Kampfkraft der spanischen Kavallerie. Bis dahin hatten die Azteken die spanischen Reiter mit ihren Pferden nur auf den gepflasterten Straßen von Tenochtitlán oder auf der Flucht über die aufgerissenen Dämme in der „traurigen Nacht" erlebt. Neu für sie war, dieser Kavallerie in einer offenen Schlacht auf einer grasbewachsenen Ebene gegenüberzustehen. Cortés erkannte den aztekischen Befehlshaber an seinem aufwendigen Federschmuck und seiner Federstandarte und stürmte in Begleitung von anderen Reitern mitten unter die Azteken auf ihn zu. Juan de Salamanca ritt den aztekischen Befehlshaber nieder, tötete ihn, hob die Federstandarte auf und überreichte sie Cortés. Obwohl die Spanier in dieser Schlacht bereits schwere Verluste erlitten hatten, zogen sich die Azteken nach dem Tod ihres Anführers zurück. Fünf Tage nach seiner dramatischen Flucht aus Tenochtitlán erreichte Cortés endlich Tlaxcala und somit die mit ihm verbündeten Tlaxcalteken. Seine Verluste an Menschen und Material waren enorm. Einige der Frauen, die mit Pánfilo de Narváez ins Land gekommen waren, starben. Im Gegensatz dazu erlebten seine Dolmetscherin und Geliebte Malinche, Dona Luisa, eine Tochter von Xicoténcatl dem Älteren, sowie die beiden Töchter von Moctezuma und María Estrada, die einzige Frau in Waffen und Rüstung. Letztere hatte auf dem ganzen Feldzug mit den Männern gekämpft und war die Ehefrau eines spanischen Konquistadors.

Damals leistete Xicoténcatl der Jüngere erneut Widerstand gegen die Spanier. Offen rief er die Einwohner von Tlaxcala zum Kampf auf, wurde aber auf Betreiben seines Vaters Xicoténcatl der Ältere und einiger anderer Kaziken festgenommen, gefesselt und vorgeführt. Obwohl wegen dieses Vorfalls ein heftiger Disput geführt wurde, kam Xicoténcatl der Jüngere später frei. Ungeachtet seiner Niederlage in Tenochtitlán gab Cortés nicht auf. Er plante einen Eroberungsfeldzug rund um den Texcoco-See und schmiedete neue Allianzen. Die Tlaxcalteken blieben auch nach der Niederlage in Tenochtitlán seine wichtigsten Verbündeten, obwohl die Azteken sie auf ihre Seite ziehen wollten und ihnen Frieden und Wohlstand verhießen.

Zusammen besiegten die Spanier und Tlaxcalteken die aztekische Besatzung in Tepaeca und lösten diese Stadt aus dem Bündnis mit den Azteken. Unterdessen grassierte eine Pocken-Epidemie in Tenochtitlán und griff bald auf das umliegende Land über. Die Krankheit war von einem spanischen Sklaven, der mit den Truppen von Pánfilo de Narváez angekommen war, eingeschleppt worden.

Der Nachfolger von Moctezuma II. namens Cuitláhuac starb bereits 80 Tage nach seinem Machtantritt. Die Pocken-Epidemie ließ die Zahl der Kämpfer auf beiden Seiten merklich schrumpfen. Bei den Azteken wirkte sich die Epidemie jedoch gravierender aus als bei den Spaniern.

Nach dem Tod von Cuitláhuac bestieg im Februar 1521 Cuauhtémoc, der Sohn von König Ahuitzotl, den Thron der Azteken. Cuauhtémoc schickte Boten und Krieger zu benachbarten Völkern und versuchte, sie mit Versprechungen, Drohungen und Strafexpeditionen an sich zu binden. Doch viele Völker hatten genug von der aztekischen Vorherrschaft und beteiligten sich nicht am Kampf gegen die Spanier.

Während weniger Monate besiegte Cortés mit seinen Truppen mehrere Stadtstaaten wie Chimalhuacán, Oaxtepec, Yautepec, Cuernavaca und Tlacopan rund um den Texcoco-See. Andere Völker, auf die Cortés bei seinem Eroberungsfeldzug traf und die von den Azteken unterworfen und ausgebeutet wurden, schlossen sich den Spaniern an. Als neue Kampfgenossen gewann Cortés die Tepeyacac, Cuernavaca sowie die Städte Huejotzingo, Atlixco, Metztitlán und Chalco. Falls ein Herrscher nicht das tat, was Cortés von ihm wollte, setzte er ihn kurzerhand ab und ersetzte ihn durch einen Mann, den er als Marionette benutzen konnte.

Der an Pocken erkrankte Herrscher von Chalco empfahl seinem Volk auf dem Totenbett, sich den Spaniern zu unterwerfen. Er schickte seine Söhne zu Cortés statt zum Aztekenherrscher Cuauhtémoc. Seine Nachfolge und die Herrschaft über die zugehörigen Ortschaften legte er in die Hände von Cortés, der die Prinzen wohlwollend aufnahm und sie in ihrem Amt bestätigte. Im Laufe der Zeit erkannten immer mehr Städte den Konquistador als obersten Herrscher an. Dank seiner klugen Bündnispolitik und militärischen Erfolge über die Azteken erreichte Cortés die Stellung, die vorher Moctezuma II. besessen hatte. Die Spanier konnten auch Texcoco, eine der größten Städte des Reiches sowie zusammen mit Tenochtitlán und Tlacopán ein Mitglied des „Aztekischen Dreibundes", für sich gewinnen. In diesem Fall nutzte Cortés die Streitigkeiten der Indios um die Herrschaft über die Stadt aus und setzte Ixtlilxochitl, den Sohn von Nazahualpilli, auf den Thron. Zur Unterstützung der Spanier bei ihrem Feldzug gegen die Azteken kam auch eine Gruppe von Kriegern aus Cholua und eine weitere aus Tlaxcala unter dem Kommando von Xicoténcatl dem Jüngeren. Als die beiden Gruppen bei den Spaniern eintrafen, stellten sie fest, dass sich Xicoténcatl der Jüngere in der Nacht heimlich nach Tlaxcala abgesetzt hatte. Nach einer letzten erfolglosen Verhandlung ließ Cortés ihn

Pedro de Alvarado
(um 1486–1541)

Cristóbal de Olid
(1487–1524)

Christoval de Olid

festnehmen und in eine Ortschaft nahe von Texcoco bringen, wo man Xicoténcatl den Jüngeren hinrichtete. Dazu soll dessen eigener Vater Xicoténcatl der Ältere geraten haben.

Für die Belagerung der Azteken-Hauptstadt Tenochtitlán ließ Cortés in Tlaxcala durch seinen Schiffbaumeister Martin López 13 Brigantinen bauen. Tausende von Tlaxcalteken-Kriegern trugen die Einzelbauteile der Schiffe unter dem Schutz von Gonzalo de Sandoval und seinen Männern an den Texcoco-See. Man baute die Schiffe in der Stadt Texcoco zusammen und ließ das letzte von ihnen am 28. April 1521 zu Wasser. Schon nach wenigen Tagen stellte man das kleinste Schiff wieder außer Dienst, weil es sich gegen die aztekischen Kriegskanus nicht behaupten konnte.

Die Brigantinen wurden für den ersten Belagerungsring um die aztekische Hauptstadt benötigt. Zunächst übernahm Cortés selbst das Kommando. Die Truppen unter Pedro de Alvarado (um 1486–1541) und Cristóbal de Olid (1487–1524) marschierten nach Chapultepec, zerstörten dort ein Aquädukt und unterbrachen damit die Wasserversorgung von Tenochtitlán. Mit den Brigantinen lähmte Cortés die Versorgung von Tenochtitlán über den Texcoco-See. Lediglich einige Kanus schafften im Schutz der Nacht den Durchbruch. Um die Brigantinen aufzuhalten und sie mit ihren Kanus anzugreifen, rammten die Azteken Pfähle in den Grund des Sees, deren Spitzen sich dicht unter der Wasseroberfläche befanden. Aber die Spanier fuhren mit vollen Segeln über diese Pfähle hinweg, ohne dass ihre Schiffe beschädigt wurden.

Die Krieger von Tenochtitlán versuchten, die Hauptstadt bereits auf den Dämmen im See, die als Zugänge dienten, zu verteidigen. Sie rissen Dämme an einigen Stellen auf und bauten an anderen Schanzen. Jeden Tag griffen die Spanier an und wurden dabei von den Azteken mit Kanus vom See aus attackiert. Mit ihren Schiffen kämpften sich die Spanier den Weg frei, erreichten die Hauptstadt und gewannen an Boden. Weil sich die Spanier abends wieder in ihre Stellungen zurückzogen, besetzten die Azteken nachts erneut ihre alten Stellungen in der Stadt. Aus diesem Grund gab Cortés den Befehl, eroberte Häuser niederzureißen. Auf diese Weise rückten die Spanier langsam auf das Stadtzentrum vor. Der Aztekenherrscher Cuauhtémoc startete einen groß angelegten Angriff auf Alvarado und die Truppen in Tlacopan. Aber die Azteken wurden zurückgeschlagen. Bald machten Hunger und Durst den Belagerten in Tenochtitlán immer mehr zu schaffen. Denn die Spanier fingen alle Lieferungen von Lebensmitteln und Wasser in die Hauptstadt ab. Sogar Azteken, die versuchten, Fische im Texcoco-See zu fangen, wurden von den Spaniern aufgegriffen. Zahlreiche Azteken tranken Salzwasser aus dem See und erkrankten. Viele der Eingeschlossenen verhungerten.

Während die Streitmacht der Azteken in Tenochtitlán weiterhin dezimiert wurde, trafen in Veracruz frische spanische Soldaten ein. Eine Truppe unter Francisco de Garay (gestorben 1523), die eigentlich ausgezogen war, um das Gebiet am Panuca zu erobern, war dort gescheitert. Die meisten dieser Soldaten schlossen sich Cortés an. Außerdem schlugen sich immer mehr früher mit den Azteken verbündete Städte auf die Seite der Spanier. So Huichilibusco, Coyohuacan, Mizquic und andere Orte rund um den Texcoco-See.

Am 21. Juli 1521 wurde Cortés das Opfer einer Kriegslist, als er den vermeintlich endgültig geschlagenen Azteken in die Hauptstadt Tenochtitlán folgte. Dort bot der Aztekenherrscher Cuauhtémoc frische Kräfte auf, die viele Spanier töteten und rund 60 gefangen nahmen. Nur knapp entging Cortés der Gefangenschaft. Cristobal de Olea rettete ihm das Leben und verlor sein eigenes im Kampf. Die Azteken opferten die gefangenen Spanier ihren Göttern, schickten Körperteile der Toten an die Völker, die auf der Seite der Spanier kämpften und drohten ihnen. Doch Cortés entsandte eine Strafexpedition und unterband weitere Hilfen für Tenochtitlán.

Der Aztekenherrscher Cuauthémoc zog sich mit seinen restlichen Kriegern nach Tlatelolco, einem Stadtteil von Tenochtitlán mitten im Texcoco-See, zurück, gab sich aber noch nicht geschlagen. Als Cortés die Krieger der Azteken in einen Hinterhalt lockte, nahmen diese die

CUAUHTÉMOC

FUE EL ÚLTIMO TLATOANI MEXICA Y SU NOMBRE
SIGNIFICA "ÁGUILA QUE CAE" SE DISTINGUIÓ COMO
DIRIGENTE DE LA RESISTENCIA Y LÍDER MILITAR.

EL CORAJE, EL ESTOICISMO Y LA DIGNIDAD DEL ÚLTIMO
EMPERADOR AZTECA ES UN EJEMPLO DE HEROÍSMO
PARA TODOS LOS MEXICANOS.

*Denkmal des Aztekenherrschers Cuauhtémoc in Zocalo*

Friedensangebote der Spanier zum Schein an, wagten aber noch einen Angriff. Doch ihre Kräfte waren schon zu sehr geschwächt.

Während einer Kampfpause flüchten zahlreiche ausgehungerte indianische Frauen und Kinder zu den Spaniern. Daraufhin wurde Gonzalo de Sandoval mit seinen Männern von Cortés in das letzte von den Azteken besetzte Stadtviertel im Texcoco-See geschickt. Dort rissen sie die Häuser und Verschanzungen nieder. Als er keinen Ausweg mehr sah, flüchtete Cuauhtémoc mit seiner Familie und den letzten Getreuen in Kanus über den See. García Holguíns, einer der Männer von Gonzalo de Sandoval, verfolgte mit seiner Brigantine den letzten Herrscher der Azteken bei seiner Flucht über den See und nahm ihn fest.

Am 13. August 1521 war die fast vollständig zerstörte Hauptstadt Tenochtitlán endgültig erobert. In den Straßen lagen zahlreiche Leichen, die nicht begraben werden konnten. Während der mehrere Monate dauernden Belagerung sind schätzungsweise 24.000 Azteken gestorben. Cortés ordnete die Evakuierung von Tenochtitlán an. Der Zug der halb verhungerten Azteken auf das Festland zog sich drei Tage dahin.

Nachdem man die Leichen aus der Hauptstadt geschafft und begraben hatte, begann man mit dem Wiederaufbau von Tenochtitlán. Kaiser Karl V. ernannte Cortés zum Gouverneur, Obersten Richter und Generalkapitän von Neuspanien. Dadurch war er der mächtigste Mann nach

*Folterung des Aztekenherrschers Cuauhtémoc,*
*um das Versteck seiner Goldschätze zu erfahren.*
*Gemälde des mexikanischen Künstlers*
*Leandro Izaguirre (1867–1941) von 1892*

dem Kaiser. Durch die Eroberung des Aztekenreiches legte Cortés den Grundstein für das Vizekönigreich Neuspanien und das „Imperio Español", das spanische Imperium.

Cortés bestätigte Cuauhtémoc als König der Azteken. Doch nicht lange danach ließ er den Aztekenherrscher foltern, um zu erfahren, wo dieser Goldschätze versteckt hatte. Schon während der Eroberung des Landes arbeitete Cortés auf einen Wandel in der Religion der Indios hin. Nun holte er Missionare nach Neuspanien. Durch militärische Vorstöße in den Norden vergrößerte er seinen Machtbereich weit über die Grenzen des früheren Aztekenreiches hinaus.

1522 brachte Malinche einen Sohn von Cortés namens Martín zur Welt. Dieser wuchs allerdings getrennt von seiner Mutter auf. Zu einer denkwürdigen Begegnung kam es 1523 in Paynala, dem Geburtsort von Malinche. Dort traf Malinche ihre Mutter, die sie einst an Sklavenhändler verkauft hatte, und ihren Bruder wieder. Sowohl ihre Mutter als auch ihr Bruder waren bereits zum christlichen Glauben übergetreten und hießen nun Martha und Lazaro. Malinche galt damals als die mächtigste Frau in Neuspanien und hatte auf Cortés großen Einfluss. Deswegen hatten ihre Mutter und ihr Bruder große Angst vor ihr und fürchteten um ihr Leben. Doch Malinche verzieh den Beiden.

1523 schickte Cortés seinen Weggefährten Cristóbal de Olid nach Honduras, um dieses Land zu erobern. Olid war seit langem ein treuer Begleiter von Cortés und hatte noch nie Anlass zu Misstrauen gegeben. Doch ausgerechnet dieser Weggefährte der ersten Stunde verbündete sich mit Diego Velázquez de Cuéllar, dem Erzfeind von Cortés. Denn er wollte mit Unterstützung des kubanischen Gouverneurs für sich selbst Hondura erobern und sich von Cortés unabhängig machen. Als Cortes dies erfuhr, schickte er Francisco de Las Casas mit zwei Schiffen nach Honduras, um Olid gefangenzunehmen. Nachdem Cortés lange auch nichts von Las Casas hörte, brach er im Herbst 1524 selbst mit einer Armee von mehreren hundert Spaniern und 3.000 Indios auf den Weg nach Süden auf. Aus Sorge, der letzte Aztekenherrscher Cuauhtémoc könnte während seiner Abwesenheit einen Aufstand in der Hauptstadt Tenochtitlán wagen, nahm Cortés ihn auf den Feldzug mit. Unterwegs wurde Cuauhtémoc wegen eines angeblichen Mordkomplotts von den Spaniern erhängt. Francisco de Las Casas war nach seiner Landung in Honduras in die Gefangenschaft von Olid geraten. Bei einem gemeinsamen Essen verletzte Francisco de Las Casas seinen Gastgeber Olid mit einem Dolch und ließ ihn auf dem Marktplatz von Naco enthaupten. 1525 fuhr Francisco de Las Casas mit dem Schiff nach Veracruz und über Land in die Hauptstadt Tenochtitlán. Dort nahmen ihn Gegner von Cortés fest und verurteilten ihn wegen des Mordes an Olid zum Tode. Das Urteil wurde aber nicht vollstreckt, weil er den

Kaiser um Gnade bitten wollte. Man brachte ihn in Ketten nach Spanien, wo man ihn zwei Jahre später freisprach.

Beinahe wäre der Feldzug von Cortés nach Honduras wegen Strapazen des Weges, schlechtem Wetter und Hunger missglückt. Bei Kämpfen mit feindlichen Indios verloren viele Expeditionsteilnehmer ihr Leben. Als man in Tenochtitlán lange nicht mehr von Cortés erfuhr, kam das Gerücht auf, er sei nicht mehr am Leben. Seine Feinde verbreiteten dieses Gerücht als Tatsache am spanischen Königshof und teilten seinen Besitz.

Nachdem Cortés in Honduras klar wurde, dass Francisco de Las Casas seine Aufgabe erfüllt hatte, segelte er mit dem Schiff über Havanna nach Vera Cruz. In Neuspanien empfing man ihn überall begeistert und begrüßte ihn vor allem in Tlaxcala stürmisch. Doch Cortés hatte durch seine lange Abwesenheit seine absolute Macht verloren.

Während des Feldzuges von Cortés in Honduras heiratete Malinche am 20. Oktober 1524 den spanischen Offizier Juan Xaramilo de Salvatierra. Nach der Rückkehr aus Honduras lebte das Paar bis zum Tod von Malinche in Tenochtitlán. Aus dieser Verbindung ging die Tochter Maria hervor. Das Todesjahr von Malinche ist nicht genau bekannt. Auch ihre Todesursache kennt man nicht. Sie soll um 1529 gestorben sein. Demnach wäre sie in jungen Jahren gestorben.

*Juan Rodríguez de Fonseca (1451–1524),*
*Bischof von Burgos.*
*Gemälde um 1520*

Am 13. Dezember 1527 ernannte Kaiser Karl V. eine so genannte Audiencia für Neuspanien. Diese sollte die Regierung der Kolonie übernehmen und bestand aus einem Präsidenten und vier Richtern (Oidores). Ihr Präsident war Nuño Beltrán de Guzmán. Die Richter hießen Juan Ortiz de Matienzo, Diego Delgadillo, Diego Maldonado und Alonso de Parada.

Am Hof des Kaisers versuchte der Bischof von Burgos, Juan Rodríguez de Fonseca (1451–1524), schon vor längerer Zeit die Siege von Cortés zu verniedlichen oder sie Diego Velázquez de Cuéllar zuzuschreiben. Der Bischof verstand sich gut mit Velázquez, der ihm einträgliche Ortschaften und Bergwerke auf Kuba überlassen hatte. Als Velázquez den Bischof um Hilfe gegen Cortés bat, setzte sich der Kirchenmann energisch für ihn ein. Fonseca missbrauchte schamlos seine Macht als Vorsitzender des „Consejo de Indias", der obersten Kolonialbehörde und des wichtigsten Verwaltungsorgans des spanischen Kolonialreiches. Er ließ die Boten, die Cortés an den Königshof nach Spanien gesandt hatte, ins Gefängnis werfen. Außerdem unterschlug er Briefe, verfälschte Informationen und versuchte Cristobal de Tapia, einen Günstling, der seine Nichte geheiratet hatte, als Statthalter von Neuspanien einzusetzen und damit Cortés die Macht zu entreißen. Tapia traf eines Tages mit angeblich im Auftrag von Kaiser Karl V. ausgestellten offiziellen Urkunden und Blanko-Schriftstücken in Neuspanien ein. Doch die

Männer von Cortés ließen sich von diesen gefälschten Dokumenten nicht beeindrucken. Da Tapia nicht beweisen konnte, dass der Kaiser von der Machtübernahme in Neuspanien wusste, sagten ihm die Gefolgsleute von Cortés ins Gesicht, dass Bischof Fonseca dahinterstecke. Cortés linderte die Enttäuschung von Tapia mit Goldgeschenken und schickte ihn nach Santo Domingo zurück. Der korrupte Bischof verhinderte auch den Nachschub mit Waffen, Soldaten und Pferden für Cortés von Sevilla in Spanien nach Veracruz. Angeblich unterschlug er sogar große Mengen Gold, das Cortés an den spanischen Herrscher geschickt hatte. Fonseca zeigte Cortés an und traktierte ihn mit Prozessen, die den Konquistador jahrelang beschäftigten, sogar noch nach dem Tod des betrügerischen Kirchenmannes.

Die Klagen des Bischofs zwangen Cortés eines Tages, sich zwecks Rechtfertigung an den Hof des Kaisers nach Spanien zu begeben. 1528 fuhr Cortés mit einem Schnellsegler nach Europa. Er schaffte die Reise von Veracruz nach Palos innerhalb von lediglich 41 Tagen. Neuspanien war seit Oktober 1523 eine der größten und reichsten Provinzen von Spanien. Als Eroberer dieser bedeutenden Provinz betrachtete sich Cortés auf Augenhöhe mit den mächtigsten Fürsten seiner Zeit. Auf seiner Schiffsreise begleiteten ihn Kampfgefährten aus Neuspanien sowie adelige Indios aus Tenochtitlán, Tlaxcala und Cempoala. Zu seiner Begleitung gehörten je ein Sohn von Moctezuma II. und von Maxixcatzin, einem der Fürsten aus Tlaxcala, zwölf tlaxcaltekische Ballspieler sowie indianische Musiker, Sänger und Akrobaten. Im Gepäck hatte er Gold, Edelsteine, Kunstobjekte und exotische Tiere. Unterwegs erkrankte Gonzalo de Sandoval und starb in La Rábida.

Beim offiziellen Empfang bei Hofe in Spanien appellierte Cortés an die Gerechtigkeit des Kaisers und informierte ihn ausführlich über seine Eroberungen und Schlachten, die er in der neuen Welt geführt hatte. Er gab Antwort auf die Anklagen seiner Feinde und bestritt, dass er Gold der Krone zurückgehalten hatte. Stattdessen wies er nach, dass er das geforderte Fünftel nach Spanien geschickt hatte. Außerdem hatte er viel Geld aus eigener Tasche für den Wiederaufbau von Tenochtitlán aufgebracht.

Karl V. , der Cortés reiche Gold- und Silberlieferungen aus Neuspanien verdankte, ernannte ihn für seine Verdienste zum Ritter vom Heiligen Jacob und zum Generalkapitän von Neuspanien und der Südsee (Pazifischer Ozean). Außerdem erhielt Cortés am 6. Juli 1529 den Titel und die Besitzungen des Marqués del Valle de Oaxaca (Marquis des Tales von Oaxaca). Mit dieser Verleihung war aber nur der Besitz eines Teils der von Cortés selbst geforderten Orte und Landgebiete verbunden. Andere wichtige Orte hatte sich Karl V. selbst vorbehalten, darunter sämtliche Häfen. Die tatsächlich verliehenen Orte umfassten nur deren

*Cristóbal Colón (1451–1506),*
*besser bekannt als Columbus,*
*bei der Ankunft in der Neuen Welt*
*am 6. Dezember 1492.*
*Bild von Theodor de Bry (1528–1598)*
*von 1594*

unmittelbaren Einzugsbereich und nicht die entsprechenden Provinzen.

Durch die Standeserhebung zählte Cortés zum Hochadel von Spanien. Der Titel wurde von seinen Nachkommen bis 1811 geführt. Das Tal von Oaxaca war eines der reichsten Gebiete in Neuspanien. Ungeachtet aller Ehrungen wurde Cortés aber nicht wieder als Gouverneur oder Vizekönig in Neuspanien eingesetzt, verfügte also über keine politische Macht. Vermutlich war Cortés dem Kaiser zu reich und zu mächtig geworden. Zudem war man am Hof zu der Erkenntnis gelangt, dass Konquistadoren nicht dazu geeignet waren, die Regierung der neuen Länder zu übernehmen, wie der Fall de Cristóbal Colón (1451–1506), besser bekannt als Columbus, gezeigt hatte. Die Führung des neuen Landes behielt sich deshalb der König selbst vor oder überließ sie Männern, die keine große Hausmacht hatten.

Wenige Tage nach der Audienz beim Kaiser erkrankte Cortés in Toledo so schwer, dass man glaubte, sein Tod sei nahe. Auf Bitte des Herzogs von Béjar besuchte Karl V. den vermeintlich todkranken Cortés in Begleitung des Hochadels. Dieser Besuch des Kaisers galt als großer Gunstbeweis für Cortés.

1530 segelte Cortés wieder nach Neuspanien. Dabei hatte er allerdings nur noch militärische Befehlsgewalt. Nach seiner Rückkehr fand er das Land in Anarchie vor. Er stellte die Ordnung wieder her und konzentrierte

*Antonio de Mendoza (um 1490–1552)*

58

sich danach auf die Erforschung der Westküste von Neuspanien.

Damals wurde die Leitung der Zivilangelegenheiten einer Behörde namens „Audiencia de Nueva España" übertragen. Als Vizekönig sandte man Antonio de Mendoza (um 1490–1552) nach Neuspanien. Doch dieser traf erst 1535 dort ein und übernahm die Zivilverwaltung. Cortés hatte die militärische Macht und die Erlaubnis, seine Eroberungen fortzusetzen. Diese Teilung der Macht führte zu ständigen Streitigkeiten mit dem Vizekönig. Die Hauptstadt Tenochtitlán benannte man in Ciudad de México (Mexiko-Stadt) um.

Auf eigene Kosten ließ Cortés an der Westküste von Neuspanien wieder Schiffe bauen. 1537 schickte er drei dieser Schiffe unter dem Kommando von Alvaro de Saavedra nach Westen über den Pazifik. Saavedra sollte die Gewürzinseln (Molukken) finden. Aber diese Expedition scheiterte bei der Rückfahrt im Pazifik.

1536 entdeckte Cortés bei einer Expedition die Halbinsel Baja California. 1539 rüstete er auf eigene Kosten eine weitere Expedition aus. Damals sandte er Francisco de Ulloa mit drei Schiffen von Acapulco aus in nördliche Richtung entlang der Westküste von Neuspanien. Diesmal lautete der Auftrag, die Küste zu erforschen und einen Seeweg im Norden des amerikanischen Kontinents nach Europa zu finden. Um seinem Auftraggeber eine Freude zu machen, bezeichnete Francisco de Ulloa den Golf von Kalifornien als „Mar

*Andrea Doria (1466–1560), Doge von Genua*

de Cortés" (Cortés-See). Obwohl er das Ende des Golfes erreicht und danach die Halbinsel Baja California umsegelt hatte, wurde Baja California nach seiner Rückkehr auf Karten als Insel dargestellt.

Im Alter von 56 Jahren reiste Cortés 1541 noch einmal nach Spanien. Seine Ansprüche auf die von ihm entdeckten Gebiete fanden damals vor Gericht kein Gehör. Der Kaiser gestattete Cortés, sich der Flotte von Andrea Doria (1466–1560), des Dogen von Genua, auf dem Feldzug an die Berberküste nach Algier anzuschließen und gegen die Osmanen zu kämpfen. Ungeachtet der Bedenken erfahrener Seeleute gab Karl V. den Befehl zum Angriff auf Algier. Die kaiserliche Flotte geriet vor der Küste von Algerien in ein Unwetter, weswegen die Truppen nicht ausgeschifft werden konnten. Am 23. Oktober 1541 konnten die Soldaten endlich an Land gehen, mussten dabei allerdings mit ihrem schweren Gepäck durch tiefes Wasser waten. Nachdem nur ein kleiner Teil der Truppe, der Pferde und des Proviants entladen war, setzte erneut schlechtes Wetter ein und machte die Entladung der anderen Schiffe unmöglich. In der Nacht vom 24. auf den 25. Oktober 1541 entwickelte sich der Sturm zum Orkan. Zusammen mit mehr als 150 Schiffen sank auch das Schiff von Cortés namens „Esperanza". Nur mit Mühe und Not konnte sich Cortés zusammen mit seinen Söhnen retten. Ungeachtet seiner Erfahrungen bei der Eroberung des Aztekenreiches wurde Cortés von Karl

V. nicht zum Kriegsrat eingeladen, was er als bewusste Kränkung seiner Person empfand. Cortés hatte sich erboten, Algier mit den spanischen, deutschen und italienischen Soldaten, die bereits gelandet waren, im Sturm zunehmen. Die Soldaten hörten dies gerne und lobten ihn sehr, aber die Seeleute und andere hörten nicht auf ihn.

Cortés, der viel eigenes Geld investiert hatte, um seine Entdeckungsreisen zu finanzieren, stellte im Februar 1544 Erstattungsansprüche beim königlichen Finanzministerium. In den folgenden drei Jahren vertröstete man ihn aber nur und verwies ihn von einem Gericht an das nächste. Enttäuscht beschloss er 1547, nach Neuspanien zurückzukehren. Als er Sevilla erreichte, erkrankte er und starb am 2. Dezember 1547 auf seinem Landgut in Castilleja de la Cuesta im Alter von 62 Jahren. Cortés hinterließ sein Vermögen seinen Kindern und machte dabei keinen Unterschied, ob sie Weiße oder Mestizen waren. Bevor er starb ließ er seine drei unehelichen Kinder durch den Papst legitimieren. Besonders ging es ihm um seinen Sohn Martin aus der Verbindung mit seiner Geliebten und Dolmetscherin Malinche (Doña Marina), dem er seine Titel und Besitzungen übertrug, und Doña Leonor Cortés y Moctezuma, der Tochter von Tecuichpoch. Die Gebeine von Cortés setzte man in Mexiko bei, sie verschwanden aber 1823. Die Titel von Cortés gingen später an den neapolitanischen Herzog von Monteleone über.

1552 wurde in Saragossa das von Francisco López de Gómara verfasste Buch „Historia general de las Indias" gedruckt. Gómara war niemals in Neuspanien gewesen, sondern Augenzeuge des Algerienfeldzuges gewesen, an dem Cortés 1541 teilgenommen hatte. Er hatte sich auf die Aussagen von Cortés, dessen Hauskaplan er gewesen war, und anderer Konquistadoren verlassen. 1553 verbot Philipp II. (1527–1598) das Werk von Gómara, weil jener die Taten von Cortés zu sehr glorifiziert und es mit der Wahrheit nicht immer sehr genau genommen hatte.

Nach 1585 erschien das illustrierte Werk „Historia de Tlaxcala" von Diego Munoz Camargo (um 1529–1599). Der Autor wurde in der spanischen Kolonie Mexiko geboren. Sein Vater war Spanier, seine Mutter Indianerin. „Historia de Tlaxcala" (auch „Lienzo Tlaxcala") schildert die Geschichte von Tlaxcala und besteht aus drei Teilen: „Relaciones Geográficas" in spanischer Sprache sowie „Tlaxcala Calendar" und „Tlaxcala Codex" jeweils mit zahlreichen Bildern und Überschriften in Spanisch und Nahuatl. Etliche der Bilder zeigen Hernán Cortés und Malinche.

Im Laufe der Geschichte hat man den spanischen Konquistador Hernán Cortés sehr unterschiedlich beurteilt. „Obwohl er Menschen tötete und sie foltern ließ und die kulturelle Identität der Indianer zerstörte, wurde er von vielen Völkern Mittelamerikas respektiert und sogar verehrt", heißt es im Online-Lexikon

*Indios mit Geschenken, Malinche (Mitte)*
*und Cortés zu Pferd (rechts vorne).*
*Abbildung aus „Historia de Tlaxcala"*
*(auch „Lienzo Tlaxcala")*
*aus dem späten 16. Jahrhundert*

*Moctezuma (links sitzend), Cortés (Mitte)*
*und rechts neben ihm Malinche.*
*Abbildung aus „Historia de Tlaxcala"*
*(auch „Lienzo Tlaxcala")*
*aus dem späten 16. Jahrhundert*

Taufe indianischer Frauen.
Abbildung aus „Historia de Tlaxcala"
(auch „Lienzo Tlaxcala")
aus dem späten 16. Jahrhundert

*Kampf der Spanier gegen Indianer.*
*Abbildung aus „Historia de Tlaxcala"*
*(auch „Lienzo Tlaxcala")*
*aus dem späten 16. Jahrhundert*

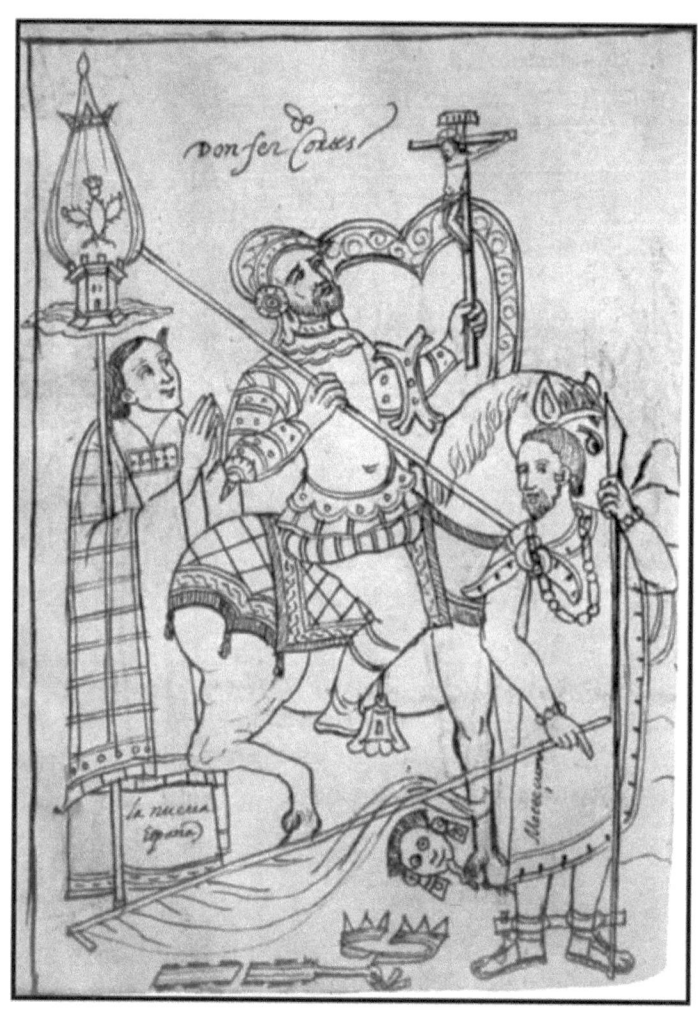

*Hernán Cortés hoch zu Pferde.*
*Zeichnung aus „Descripción de la ciudad y provincias*
*de Tlaxcala"*

„Wikipedia". Und weiter liest man: „Das ist verständlich, denn er hatte sie vom Joch der Azteken befreit. Heute ist der Konquistador in Mexiko sehr schlecht angesehen. Doch es gibt immer noch viele Straßen und Plätze, die seinen Namen tragen. Das aztekische Erbe steht heute bei den Mexikanern weit höher im Ansehen als Cortés. Mit der spanischen Eroberung verloren ca. 15 Millionen der Ureinwohner ihr Leben. Sie starben an den eingeschleppten Krankheiten und durch die Grausamkeiten der Europäer. So ist es nicht verwunderlich, dass die Verdienste von Cortés (die Einigung Mexikos, das Ende der Blumenkriege und der anschließenden Menschenopfer) die Grausamkeiten im Bewusstsein der Mexikaner nicht aufwiegen."

Cortés hat Malinche in seinen Briefen und Schriften nur flüchtig erwähnt. Als wichtigste Quelle für die Biografie von Malinche gilt das Werk „Wahrhafte Geschichte der Eroberung von Neuspanien", das Bernal Díaz de Castillo (um 1495–1584), ein ehemaliger Soldat von Cortés, verfasste und erst 1632 posthum erschien. Er schrieb: „Diese Frau war ein entscheidendes Werkzeug bei unseren Entdeckungsfahrten. Vieles haben wir nur durch Gottes Beistand und ihrer Hilfe vollbringen können. Ohne sie hätten wir die mexikanische Sprache nicht verstanden, zahlreiche Unternehmungen hätten wir ohne sie einfach nicht durchführen können."

Von heutigen Mexikanern wird Malinche sehr unterschiedlich beurteilt. Manche betrachten sie sogar

*Bernal Díaz de Castillo (um 1495–1584)*

als eine der umstrittensten Frauen der Weltgeschichte. In den nach der Eroberung verfassten aztekischen und tlaxcaltekischen Chroniken wird noch ein positives Bild von Malinche präsentiert. Dagegen steht seit dem Aufkommen des mexikanischen Nationalismus im 19. Jahrhundert der Begriff „malinchismo" für den Verrat am eigenen Volk. Dabei wird jedoch außer Acht gelassen, dass Malinche als Kind an Sklavenhändler verkauft wurde und so ihre Heimat verlor. Andere Mexikaner sehen in ihr die Mutter des ersten Mestizen, die heute die Mehrheit der mexikanischen Bevölkerung bilden, und eine Mutter der Nation.

In Vergessenheit geraten ist Malinche nicht. Das steinerne Haus, in dem Cortés und seine indianische Geliebte einst wohnten, steht heute noch in Coyoacan (Mexiko-Stadt). Es wird in Fremdenführern als „La Malinche's house" bezeichnet. Zahlreiche Orte im Mexiko führen jährliche Malinche-Tänze auf. Mit Malinche in Verbindung gebracht wird auch der Charakter von „la Ilonora" – der „Weinenden" –, deren Geist ruhelos in den Straßen von Mexiko-Stadt umherirrt und um ihre Kinder weint. Nach Malinche benannt ist auch ein Vulkan in Tlaxcala, der als fünfthöchster Berg in Mexiko gilt und zuvor nach einer tlaxkaltekischen Regengöttin benannt war.

In der Literatur wird Malinche mit verschiedenen Namen erwähnt. In der mündlichen indianischen Überlieferung heißt sie Malinalli wie der zwölfte Tag

*Mexikanische Banknote von 1992*
*im Nennwert von 1.000 Pesetas*
*mit Porträt von Hernán Cortés*

*Malinalli in der*
*Bilderschrift der Azteken aus dem*
*Codex Maglabechiano*

des aztekischen Kalenders. Malinalli bedeutet eigentlich „Gras", angeblich aber auch „wildes Tier". Mit diesem Namen wurde die aztekische Muttergöttin Cihuacoatl – „Die Frau" – angerufen. Ein weiterer indianischer Name von Malinche ist Malintzin. Malintzin galt bisher als Nahuatl-Version von Marina. Weil es in dieser Sprache keinen „R"-Laut gibt, könnte dafür das „L" eingesetzt worden sein, meinte man. Doch in der neueren Forschung wird betont, der Wortteil „tzin" bedeute im Nahuatl entweder „Frau" oder „Herrin". Demzufolge hat man die Muttergöttin Malinalli/Cihuacoatl, die man im indianischen Kontext mit Dona Marina assoziierte, als Malintzin verehrt. Die Spanier verwendeten stets den christlichen Taufnamen Marina oder Doña Marina. Malinche wiederum ist lediglich die in spanischen Berichten fehlerhafte Wiedergabe von Malintzin.

*Wandbild „Cortés and Malinche" von Jose Clemente Orozco (1883–1949) im San Ildefonso College, Mexiko-Stadt)*

# Literatur

CASTILLO, Bernal Díaz del: Historia verdadera e la conquista de la Nueva Espana, Mexiko 1968

CASTILLO, Bernal Díaz del: Geschichte der Eroberung von Mexiko, herausgegeben und bearbeitet von Georg A. Narciss und Tzvetan Todorov, Frankfurt am Main 1988

CORTÈS, Hernando: Die Eroberung Mexikos: drei Berichte an Kaiser Karl V. , Frankfurt am Main 1980

DISSELHOFF, H. D.: Cortés in Mexiko, München 1957

HARTAU, Claudine: Hernán Cortés, Reinbek bei Hamburg 1993

HINZ, Felix: „Hispanisierung" in Neu-Spanien 1519–1568, Hamburg 2005

MARKS, Richard Lee: Der Tod der gefiederten Schlange, München 1993

MATIS, Herbert: Hernán Cortés, Göttingen 1967

MEISSNER, Hans-Otto: Meine Hand auf Mexico. Die Abenteuer des Hernando Cortés, Stuttgart 1970

NAVARRETE, Federico: La Malinche, la Virgen y la montana, el juego de la indentidad en los códices tlaxcaltecas, History, vol. 26, no. 2, Sao Paulo 2007

PREM, Hans J.: Die Azteken. Geschichte – Kultur – Religion, München 2006

PROBST, Ernst: Superfrauen 1 – Geschichte, Mainz-Kostheim 2001

SCHURIG, Arthur (Herausgeber): Die Eroberung von Mexiko durch Ferdinand Cortés. Mit den eigenhändigen Berichten des Feldherrn an Kaiser Karl V. von 1520 und 1522, Leipzig 1923
THOMAS, Hugh: Die Eroberung Mexikos. Cortés und Montezuma, Frankfurt am Main 2000

# Bildquellen

Archivo Fotográfrico de la Universidad de Chile: 4
Klaus Benz, Fotograf, Mainz-Laubenheim: 76
Reproduktion aus „Description de la ciudad y provincias de Tlaxcala": 68
Reproduktion aus Edward R. Shaw (1855–1903) „Discoverers and Explorers" (1900): 28
Reproduktion einer Abbildung aus dem „Codex Magliabechiano", Mitte des 16. Jahrhunderts: 72 unten
Reproduktion einer Zeichnung eines tlaxcaltekischen Künstlers um 1890: 29
Reproduktion einer Zeichnung eines unbekannten Künstlers: 30
Reproduktion einer Zeichnung von Theodor de Bry (1528–1598) von 1594: 56
Reproduktion einer Zeichnung von Francesco Saverio Clavigero (1731–1787): 42 unten
Reproduktion einer Zeichnung von Antonio De Solis (1610–1688): 14
Reproduktion einer Zeichnung von Christoph Weidlitz (1498–1559) von 1529: 2
Reproduktion eines Gemäldes um 1620: 52
Reproduktion eines Gemäldes von Leandro Izaguirre (1867–1941): 48
Reproduktion eines Gemäldes von Peter Paul Rubens (1577–1640): 16
Reproduktionen von Fotos: 22

*Autor Ernst Probst*

# Der Autor

Ernst Probst, geboren am 20. Januar 1946 in Neunburg vorm Wald im bayerischen Regierungsbezirk Oberpfalz, ist Journalist und Wissenschaftsautor. Er arbeitete von 1968 bis 1971 als Redakteur bei den „Nürnberger Nachrichten", von 1971 bis 1973 in der Zentralredaktion des „Ring Nordbayerischer Tageszeitungen" in Bayreuth und von 1973 bis 2001 bei der „Allgemeinen Zeitung", Mainz. In seiner Freizeit schrieb er Artikel für die „Frankfurter Allgemeine Zeitung", „Süddeutsche Zeitung", „Die Welt", „Frankfurter Rundschau", „Neue Zürcher Zeitung", „Tages-Anzeiger", Zürich, „Salzburger Nachrichten", „Die Zeit", „Rheinischer Merkur", „Deutsches Allgemeines Sonntagsblatt", „bild der wissenschaft", „kosmos", „Deutsche Presse-Agentur" (dpa), „Associated Press" (AP) und den „Deutschen Forschungsdienst" (df). Aus seiner Feder stammen die Bücher „Deutschland in der Urzeit" (1986), „Deutschland in der Steinzeit" (1991), „Rekorde der Urzeit" (1992), „Dinosaurier in Deutschland" (1993 zusammen mit Raymund Windolf) und „Deutschland in der Bronzezeit" (1996). Von 2001 bis 2006 betätigte sich Ernst Probst als Buchverleger sowie zeitweise als internationaler Fossilienhändler und Antiquitätenhändler. Insgesamt veröffentlichte er etwa 300 Bücher, Taschenbücher, Broschüren und E-Books.

# Bücher von Ernst Probst

Malinche
Die Gefährtin des spanischen Eroberers

Pocahontas
Die Indianer-Prinzessin aus Virginia

Cockacoeske
Die Königin der Pamunkey

Katerí Tekakwitha
Die erste selige Indianerin in Nordamerika

Sacajawea
Die indianische Volksheldin

Mohongo
Die Indianerin, die in Europa tanzte

Lozen
Die tapfere Kriegerin der Apachen

Superfrauen aus dem Wilden Westen

Superfrauen 1 – Geschichte
Superfrauen 2 – Religion
Superfrauen 3 – Politik
Superfrauen 4 – Wirtschaft und Verkehr

Christl-Marie Schultes.
Die erste Fliegerin in Bayern
(zusammen mit Theo Lederer)
Sturzflüge für Deutschland
Kurzbiografie der Testpilotin Melitta Schenk
Gräfin von Stauffenberg
(zusammen mit Heiko Peter Melle)
Tony und Bruno Werntgen.
Zwei Leben für die Luftfahrt
(zusammen mit Paul Wirtz)

Liesel Bach. Deutschlands erfolgreichste Kunstfliegerin
Melli Beese. Die erste Deutsche mit Pilotenlizenz
Elly Beinhorn. Deutschlands Meisterfliegerin
Marga von Etzdorf. Die tragische deutsche Fliegerin
Luise Hoffmann. Die erste deutsche Einfliegerin
Thea Knorr. Eine frühe Fliegerin in München
Angelika Machinek. Eine Segelfliegerin der Weltklasse
Käthe Paulus. Deutschlands erste Luftschifferin
und Fallschirmspringerin
Thea Rasche. The Flying Fräulein
Wilhelmine Reichard. Die erste Ballonfahrerin
in Deutschland
Hanna Reitsch. Die Pilotin der Weltklasse
Lisl Schwab. Eine Kunstfliegerin
aus den 1930-er Jahren
Melitta Gräfin Schenk von Stauffenberg.
Deutsche Heldin mit Gewissensbissen
Beate Uhse. Deutschlands erste Stuntpilotin
Theo Lederer. Ein Flugzeugsammler aus Bayern

Königinnen des Films 1
Biografien berühmter Schauspielerinnen
von Lucille Ball bis zu Sophia Loren
Königinnen des Films 2
Biografien berühmter Schauspielerinnen
von Anna Magnani bis zu Mae West
Königinnen des Films in Italien
Gina Lollobrigida – Sophia Loren – Anna Magnani –
Giulietta Masina
Königinnen des Tanzes
Königinnen des Theaters

Elisabeth I. Tudor. Die jungfräuliche Königin
Maria Stuart. Schottlands tragische Königin
Zenobia. Eine Frau kämpft gegen die Römer

Rekorde der Urzeit. Landschaften, Pflanzen
und Tiere
Rekorde der Urmenschen. Erfindungen, Kunst
und Religion

Dinosaurier von A bis K
Dinosaurier von L bis Z
Dinosaurier in Deutschland
Dinosaurier in Baden-Württemberg
Dinosaurier in Bayern
Dinosaurier in Niedersachsen
Raub-Dinosaurier von A bis Z
Archaeopteryx. Die Urvögel aus Bayern
Gastornis. Der verkannte Terrorvogel

Der Ur-Rhein. Rheinhessen
vor zehn Millionen Jahren
Als Mainz noch nicht am Rhein lag
Der Rhein-Elefant. Das Schreckenstier
von Eppelsheim
Krallentiere am Ur-Rhein
Menschenaffen am Ur-Rhein
Säbelzahntiger am Ur-Rhein
Deutschland im Eiszeitalter
Höhlenlöwen. Raubkatzen im Eiszeitalter
Der Höhlenlöwe
Säbelzahnkatzen. Von Machairodus bis zu Smilodon
Der Höhlenbär

Affenmenschen. Von Bigfoot bis zum Yeti
Monstern auf der Spur. Wie die Sagen über Drachen,
Riesen und Einhörner entstanden
Nessie. Das Monsterbuch
Seeungeheuer. 100 Monster von A bis Z
Das Einhorn. Ein Tier, das nie gelebt hat
Drachen. Wie die Sagen über Lindwürmer entstanden
Riesen. Von Agaion bis Ymir

Der Schwarze Peter. Ein Räuber im Hunsrück
und Odenwald
Julchen Blasius. Die Räuberbraut
des Schinderhannes
Hildegard von Bingen. Die deutsche Prophetin
Johann Jakob Kaup. Der große Naturforscher
aus Darmstadt

Der Ball ist ein Sauhund. Weisheiten und Torheiten
über Fußball (zusammen mit Doris Probst)
Worte sind wie Waffen. Weisheiten und Torheiten
über die Medien (zusammen mit Doris Probst)
Schweigen ist nicht immer Gold. Zitate von A bis Z

Bestellungen bei: www.grin.com